Norbert Golluch

Der zuverlässige Büffel

Das chinesische Horoskop

Illustriert
von Birgit Tanck

Eichborn.

Die deutsche Bibliothek – CIP-Einheitsaufnahme

Golluch, Norbert:
Das chinesische Horoskop / Norbert Golluch. Ill. von Birgit
Tanck. - Frankfurt am Main : Eichborn.
Der zuverlässige Büffel. - 1994
ISBN 3-8218-3361-0

Umschlaggestaltung:
Heike Unger, KGB • Kölner Graphik Büro
Satz und Layout: M. Röhle, KGB • Kölner Graphik Büro
Druck und Bindung: Uhl, Radolfzell
ISBN 3-8218-3361-0
Verlagsverzeichnis schickt gern:
Eichborn Verlag, Kaiserstr. 66, D-60329 Frankfurt am Main

INHALTSVERZEICHNIS

Im Wechselspiel der Kräfte
gleiche ich aus,
doch stehe ich wie ein Fels
in den Stromschnellen der Gefahr
immer auf der Seite
des Rechtes

Der Büffel

Zwar lieben es Büffel, harmonisch im Einklang mit der Welt zu leben, doch können sie starr und unbeugsam gegen Feinde oder ein widriges Schicksal durchhalten. Stets treten sie für die gerechte Sache ein.

DER BÜFFEL IM FERNEN OSTEN

Chinesischer Name	: Nyu
Energie	: Yin (Nacht, negativ)
Element	: Wasser
Die Stunden des Büffels	: 01.00 - 03.00 Uhr
Das Motto	: Ich bewahre das Bewährte!
Himmelsrichtung	: Nordnordost
Monat/Jahreszeit	: Januar/Winter
Farbe	: dunkelblau
Duft	: Shalimar
Geschmack	: süß
Gewürz	: Koriander
Baum	: Birne
Edelstein	: Lapislazuli
Metall	: Kupfer
Glückszahl	: 1
Glückstier	: Bär
Glückspflanze	: Chrysanthemen
Ideale Partner	: Ratte, Hahn, Schlange
Der westliche Gefährte	: Steinbock

DIE MONDJAHRE DES BÜFFELS

Element	von	bis
Metall	19.2.1901	7.2.1902
Wasser	6.2.1913	25.1.1914
Holz	25.1.1925	12.2.1926
Feuer	11.2.1937	30.1.1938
Erde	29.1.1949	16.2.1950
Metall	15.2.1961	4.2.1962
Wasser	3.2.1973	22.1.1974
Holz	20.2.1985	8.2.1986

DAS CHINESISCHE MONDHOROSKOP

Als Buddha seine körperliche Existenz aufgeben und die Erde verlassen wollte, rief er alle Lebewesen zu sich, um Abschied zu nehmen. Aber nur zwölf Tiere kamen, und um diese Getreuen zu belohnen, übergab Buddha jedem von ihnen die Herrschaft über ein ganz besonderes Königreich: Jedes Tier sollte künftig ein Mondjahr regieren. Denn der chinesische Kalender, der älteste der Menschheit, ist ein Mondkalender. Seither gebieten die zwölf Tiere über die Jahre und das Leben der Menschen:

Die erfolgreiche Ratte

Der zuverlässige Büffel

Der gefährliche Tiger

Die anschmiegsame Katze

Der unerschrockene Drache

Die verführerische Schlange

Das eigensinnige Pferd

Die freundliche Ziege

Der heitere Affe

Der ausdauernde Hahn

Der aufregende Hund

Das bodenständige Schwein

Jeweils fünf Zwölf-Jahres-Kreisläufe, die nacheinander von den Elementen Holz, Feuer, Erde, Metall und Wasser beherrscht werden, fügen sich zu einem 60-Jahres-Zyklus zusammen.

DER BÜFFEL UND DIE ELEMENTE

Fünf Elemente wirken auf die Mondjahre und damit auf das Leben aller Menschen. Es sind dies Metall, Wasser, Holz, Feuer und Erde. Ihre Einflüsse „färben" die Charakterzüge der Tierzeichen, verringern deren Stärke, gleichen sie vollständig aus oder verstärken bestimmte, im Tierzeichen angelegte Eigenschaften stark. Die fünf Elemente üben zudem auf unterschiedliche Weise Wirkungen aufeinander aus. Dabei gibt es eine sanfte, ableitende Wirkung und eine starke, beherrschende.

Metall - hart, aber spröde

In einem Jahr mit Metalleinfluß geborene Menschen werden stark und charakterfest sein. Sie vertreten feste Ansichten, geben sich ebenso energisch wie strebsam und vollbringen, ausdauernd, wie sie sind, auch höchste Anstrengungen. Metall-Menschen gehen unbeirrbar ihren Weg und sind von Schwierigkeiten und Behinderungen nicht aufzuhalten. Ihr Denken und Handeln richtet sich immer auf ein lohnendes Ziel. Zäh bleiben sie an der Sache und führen diese zu Ende -

Menschenführung, läßt sie für hohe Positionen in Beruf und Politik geeignet erscheinen. Zudem stehen Holz-Menschen selten auf einsamem Posten. Mit ihrer Überzeugungskraft und ihrem Optimismus gewinnen sie schnell Verbündete.
Die für Holz-Menschen typischen Gefahren: Die Neigung, alles auf die Spitze zu treiben, raubt ihnen oft unnötig viel Energie. Wenn sie - selten genug - ihre Möglichkeiten überschätzen, versagen sie völlig und reagieren kopflos - wenn nicht die Energien ihres Tierzeichens dem entgegenwirken.

Wechselwirkungen

Holz nährt das Feuer. Ohne Holz kann das Feuer nicht existieren. Holz hält die Erde mit seinen Wurzeln fest und entnimmt ihr, was es zum Wachstum braucht.

Gemässigt konservativ: Der Holz-Büffel

(1925 • 1985 • 2045)

Er ist der beweglichste und in Gesellschaft verbindlichste Büffel. Er hat ein gutes Gespür für seine Wirkung auf seine Mitmenschen, deren Motive und Bewegründe er besser als andere Büffel einzuschätzen und für sich zu nutzen weiß. Er kann sich in der Auseinandersetzung mit Neuerungen durchaus von sinnvollen Veränderungen überzeugen lassen, denn seine Ansichten sind weniger starr als die anderer Vertreter seines Zeichens. Mehrheitsentscheidungen akzeptiert er, auch wenn seine eigenen Ansichten andere sind. Dennoch bleibt er im Grunde der konservative, mit gesellschaftlichen Normen und Konventionen seiner Schicht verwachsene Büffel, dem Neuerungen und Umwälzun-

gen zunächst einmal zuwider sind. Es kostet schon Anstrengung, ihn zu überzeugen, doch ist dieses Vorhaben bei weitem nicht so aussichtslos wie beim Erd-Büffel.
Der Schaffensdrang dieses Büffels ist enorm, und es kann ihm im Laufe seines Lebens gelingen, Großes aufzubauen. Da er sich höheren Zielen unterzuordnen weiß, kann es auch sein, daß er Beachtliches für die Menschheit leistet.

Feuer - heiss und zerstörerisch

Mit Entschlußkraft und Souveränität treten Feuer-Menschen der Welt gegenüber. Energisch, erfolgsorientiert und -gewohnt, stellen sie häufig den Alleinherrscher in Person dar. Dabei sind sie weder Hochstapler noch Wichtigtuer: Hinter ihrer Erscheinung steht Substanz. Feuer-Menschen zeichnen sich tatsächlich durch ihre Führungsbefähigung aus. Brillant im Intellekt und durchdrungen von glühender Begeisterung bei der Verwirklichung von neuen Ideen, schreiten sie unverzüglich zur Tat - und reißen ihre Mitmenschen mit sich. Besonders empfängliche Personen machen sie vielleicht gar zu Fanatikern.
Ihre Abenteuerlust und ihr Vergnügen an Neuerungen nimmt auf Bestehendes wenig Rücksicht. Im Gegen-

teil: Feuer-Menschen lieben das Wagnis. Ständig sind sie unterwegs zu neuen, unbekannten Ufern, begleitet von ihren Anhängern, Jüngern und Gefolgsleuten, die sie einfallsreich und geschickt dirigieren. Es bereitet ihnen keine Mühe, Macht auszuüben.

Die Schattenseiten: Feuer-Menschen neigen zu Egoismus und verlieren die Relationen im Umgang mit anderen Menschen. Deren Meinung zählt nur wenig - schon läuft der Alleinherrscher, zwar gewarnt, in eine Falle. Ihre Ungeduld, die Neigung zu Intoleranz und blindem Draufgängertum, ihre Rücksichtslosigkeit werden glücklicherweise meist von den Kräften des Tierzeichens im Zaum gehalten. Verstärken sich jedoch die Einflüsse des Elements Feuer und die Energien des Tierzeichens, kann sogar die Gefahr roher Gewaltanwendung bestehen. Feuer-Menschen können sehr destruktiv sein, wenn nichts ihre Energien zügelt.

Wechselwirkungen

Feuer verwandelt alles in Asche, also in Erde. Es beherrscht das Metall. Das Feuer kann Metall schmelzen und schmiedbar machen.

Geballte Ladung: Der Feuer-Büffel

(1937 • 1997 • 2057)

Er wirkt wie eine sehr disziplinierte, intelligente Zeitbombe, die sich nur durch Willenskraft vor der Explosion bewahrt. Er ist stolz auf die in ihm schlummernden Energien und wendet sie hemmungslos an, wenn er gereizt wird. Er strebt nach Reichtum und Macht und neigt zu Arroganz und Überheblichkeit, was ihn manches Mal blind an wertvollen Dingen oder schät-

zenswerten Mitmenschen vorübergehen läßt. Er verschärft diesen Fehler noch dadurch, daß er seine eigenen Fähigkeiten deutlich überschätzt. Wenn er sich allerdings im Zaume hält, kann er die Realitäten objektiv einschätzen. Mit Menschen, die sich ihm in den Weg stellen, geht er hart um. Dennoch bleibt er auch als Gegner fair und greift nicht zu Tricks und Winkelzügen.
Den Erfolg seiner Arbeit genießt er gern im Kreise seiner Familie, für die er alles tut und die er im Krisenfall bis aufs Blut verteidigt. Überhaupt schreckt er vor keinem Kampf zurück und findet daher auch immer wieder seine berufliche Erfüllung beim Militär. Ein kämpferischer, sehr starker Büffel!

Erde - auf Nummer sicher

Erde-Menschen gelten als intelligent und um Objektivität bemüht. Sie sehen das Leben aus dem praktischen Blickwinkel, tragen gern und zuverlässig Verantwortung und bewältigen sowohl den Alltag als auch Extremsituationen überaus diszipliniert. Ihre ausgezeichnete Befähigung zu logischem Denken nutzen sie konsequent: Sie konzentrieren ihre Energien auf solide Arbeit und verläßliche Projekte. Nein, Spieler sind sie nicht, eher zuverlässige Arbeiter, aber auch perfekte

Planer und Organisatoren. Ihr guter Sinn für das Materielle kombiniert mit der Befähigung, Entscheidungen nach gründlichem Abwägen zu treffen, bewahrt sie davor, sich aufs Glatteis zu begeben. Sie wählen lieber den üblichen, sicheren Weg, der dennoch zu guten Ergebnissen führt. Vom Wesen her auf Beständigkeit bedacht, neigen Erde-Menschen nicht zu Übertreibungen, sondern sehen die Dinge ungeschönt und realistisch.
Darin liegt auch die Gefahr dieses elementaren Einflusses: Erde-Menschen müssen sich mangelnden Einfallsreichtum, fehlende Spontaneität und übertriebenes Sicherheitsdenken vorwerfen lassen. Im alltäglichen Umgang bewähren sie sich als berechenbare und zuverlässige Partner.

Wechselwirkungen:

Aus der Erde stammen die Erze, aus denen Metall entsteht. Erde zwingt Wasser in eine Bahn, Dämme und Deiche bremsen seine Gewalt.

Massenbeharrung: Der Erd-Büffel

(1889 • 1949 • 2009)

Die Qualitäten dieses Büffels liegen im Bereich seiner Beharrungskräfte. Er ist der konventionellste und zugleich konservativste aller Büffel, zeichnet sich aber dadurch aus, daß ihm Fehler wie Selbstüberschätzung und Kraftprotzerei nicht unterlaufen. Er weiß, was er kann und wozu er nicht in der Lage ist.
Mit diesen Voraussetzungen, gepaart mit Fleiß, Praxisbezug und Opferbeitschaft, geht er sehr ruhig und bestimmt seinen Weg. Er bringt die Geduld auf, die es braucht, um ein großes Ziel ohne allzu hohe Risiken

zu erreichen, denn er läßt sich nur auf solide Unternehmungen ein. Der große Wurf ist seine Sache nicht. Zuverlässigkeit und Beständigkeit sind die Werte, die er dabei gegenüber allen anderen hochhält. Auch in der Liebe zieht er eine langdauernde, gewachsene Zuneigung schnellen Abenteuern und leidenschaftlichen Kurzverbindungen vor.

Wenn ihm seine Kritiker vorwerfen, er sei der Spießer unter den chinesischen Tierzeichen, lacht er ihnen nur ins Gesicht. Denn ihm liegen noch Werte am Herzen, die anderen Menschen seit langer Zeit fremd sind: Treue zu Familie und Freunden, Zuverlässigkeit gegenüber Arbeitgebern oder Geschäftspartnern, Ehrlichkeit in allen Dingen des Lebens.

DAS WESTLICHE BILD DES BÜFFELS

DAS OUTFIT

Pomp und unnötige Dekoration sind Büffeln zuwider, und Eitelkeit ist ihnen weitgehend fremd. In Erscheinungsbild und Kleidung setzen Büffel auf Tradition und gediegene Qualität. Im Grunde ist ihnen ihr Aussehen gleichgültig, denn ihr Geist haßt es, durch Unwesentliches vom Kern der Dinge abgehalten zu werden. So wählen sie alte, vorgegebene Schemata, um nicht selbst über ihr Äußeres und ihre Selbstdarstellung nachdenken zu müssen.

DAS AUFTRETEN

Ein Büffel ist kein Alleinunterhalter. Die ruhige und schlichte Art von Büffeln macht sie in Gesellschaft nicht eben zum Zentrum der Kommunikation. Auffällig werden Büffel meist nur durch a) eben ihre ruhige Ausstrahlung oder b) bei einem Energieausbruch oder c) wenn sie im Kampf für die Gerechtigkeit oder die Tradition das nötige Taktgefühl vermissen lassen, was hin und wieder vorkommt.

DAS VERKEHRSMITTEL

Büffel fahren meist Fahrzeuge eines bekannten schwäbisch-arabischen Großkonzerns. Aus Gründen der Rationalität benutzen sie leider meist deren Dieselversionen. Da aber ein (ungefilterter) Diesel soviel Abgase produziert wie 50 Autos mit geregeltem Katalysator, müssen gewisse Büffel als ausgesprochene Umweltschweine tituliert werden. Weltläufigere Büffel fahren Volvo, Saab oder einen viel zu großen Jeep (Sicherheit!)

Der Computer

Büffel gelten als Technikmuffel. Wenn sie könnten, würden sie selbst auf einen Taschenrechner verzichten und statt dessen ihre alte mechanische Rechenmaschine "Adam Riese Deluxe" weiterverwenden. Wenn sich Büffel zu einem Computersystem samt Software durchgerungen haben, kommt vor allem eines nicht mehr in Frage: ein Wechsel. Büffel arbeiten noch mit WORD 1.0, wenn die restliche Welt bei Version 9.3 angekommen ist. Geschwindigkeit imponiert Büffeln bei Rechnern ebensowenig wie bei Automobilen. Es kommt ihnen vor allem auf die Zuverlässigkeit an. Deshalb verwenden sie auch heute noch den unverwüstlichen Neun-Nadeldrucker von 1981.

Der Techno-Hit

Das liebste Gerät ist dem Büffel der Elektro- oder Gasherd, der für ihn so herrlich leckere Mahlzeiten bereitet. An zweiter Stelle folgt der Fernseher, vor dem man so angenehm die Abende verdämmern kann.

Der Lieblingsfilm

Büffel lieben keineswegs Filme über Rodeos oder Western mit Stampeden. Ihnen sind Durchhalte- oder Einsame-Rächer-Dramen wie "Ein Mann sieht rot" die liebste Unterhaltung. Büffel-Frauen schätzen die Familiensaga und Spielfilme mit historischem Hintergrund.

TV - Der Büffel vor der Kiste

Dem Sicherheitsbedürfnis des Büffels kommt eine Sendereihe wie "Der 7. Sinn" sehr entgegen. Weitere Renner: Die "Knoff-Hoff-Show" mit den tollen Tips für Hornochsen und Nachrichtensendungen und Magazine aller Art. Sie schmeicheln dem Realitätssinn des Büffels.

Das Lieblingsbuch

ist aus Gründen der Tradition die Bibel. Ebenso dürfen im deutschen Büffelhaushalt Goethes gesammelte Werke und eine Prachtausgabe Schiller oder Lessing nicht fehlen. Ob der Büffel die Schinken allerdings gelesen hat, ist fraglich.

Jet oder Fahrrad? Das Urlaubsziel

Ein begeisterter Fernreisender ist der Büffel mitnichten. Auch eine Reise von tausend Meilen fängt mit dem ersten Schritt an, zitiert er gern eine chinesische Weisheit, aber ob man einen zweiten machen sollte, läßt er offen. Zwar unternimmt er gern Reisen in seinem Heimatland, doch ist vor allem Balkonien eine Gegend, die dem Büffel als Urlaubsort überaus anziehend erscheint. Sollte er sich dennoch einmal überreden lassen, in die Ferne zu reisen, so ist ihm ein bequemes Bett wichtiger als ein romantischer Sonnenuntergang. Auch ist ihn ein gutes und seinem gewohnten Geschmack entsprechendes Essen von höherem Erlebniswert als eine atemberaubende Aussicht. Eines ist sicher: An Büffeln werden Reiseveranstalter nicht reich.

Das Vorbild

Das Vorbild für Büffel-Männer: Obwohl auch Charlie Chaplin ein Büffel ist, trifft wohl Willy Brandt eher den Kern der Sache. Diesen SPD-Büffel wird es mächtig stören, daß auch „GRÖFAZ"* Adolf Hitler ein Büffel war und Saddam Hussein noch einer ist. Die Büffelin pendelt in ihrer Orientierung zwischen Jane Fonda, Melina Mercouri und Margaret Thatcher.

Wenn die Menschen nur von dem sprächen,
was sie verstehen,
dann würde gar bald ein großes Schweigen
auf der Erde herrschen.

Zwischen Saubermann und Rambo

Das Wesen des Büffels

Ehrenmann: Der erste Eindruck

Bereits im ersten Augenblick weiß das Gegenüber eines Büffels: Du hast eine ehrliche Haut vor dir. Der vertrauenswürdige Charakter des Büffels überstrahlt sein bescheidenes, aber ordentliches Äußeres. Seine Intelligenz und geistige Wendigkeit liegen jedoch unter der unaufdringlichen Maske verborgen. Daher wird der Büffel häufig von seinen Mitmenschen unterschätzt und zu niedrig eingestuft. Da ihm gesellschaftliche Ehren weitgehend gleichgültig sind, stört ihn dies nicht weiter.

* „Größter Feldherr aller Zeiten"

Geduldig, stark und halsstarrig

DER CHARAKTER DES BÜFFELS

Büffel können auf ihre Persönlichkeit stolz sein. Es gibt eine Vielzahl positiver Eigenschaften, die ihr Wesen prägen: So sind sie geduldig, betrachtend, geschickt, treu, eloquent und familiär eingestellt. Sie verströmen Autorität, gelten als fleißig und sicher in ihren Entscheidungen. Soweit in Kürze die Summe der erfreulichen Charaktereigenschaften.
Doch Sie, lieber Büffel, sollten auch die verborgenen Schattenseiten Ihres Ichs kennen. Wissen Sie, daß Sie vorurteilsbeladen, chauvinistisch, blind dem Schicksal vertrauend, stolz, tyrannisch, kritisch, exzentrisch, bigott, konservativ und gelegentlich sogar tobsüchtig und gewalttätig sein können?

Die Charaktereigenschaftendes Büffels im einzelnen:

Das wichtigste Wesensmerkmal des Büffels ist sein Bedürfnis nach Sicherheit. Risiken sind ihm in jeglicher Form unangenehm und er tut alles, um sie zu minimieren oder völlig zu vermeiden. Dabei erreicht er - wie der schleichende Autofahrer auf der Autobahn - oft das Gegenteil des Angestrebten: Jemand, der schneller und risikofreudiger ist als der Büffel, macht ihm seine guten Absichten zunichte.

Das zweite Kennzeichen des Büffels: sein unbeirrbarer Verstand. Sein Geist erkennt meist messerscharf, welche seiner Beobachtungen und Erfahrungen von Bedeutung sind und hält sich mit Nebensächlichkeiten nicht auf. Diese angeborene Geistesgegenwart, dazu seine Unerschrockenheit und das unverbrüchliche Selbstvertrauen läßt dieses Tierzeichen als eines der stärksten erscheinen. Der Büffel weiß um seine Quali-

täten und ist sehr stolz darauf. Dennoch ist er nicht überheblich oder arrogant; er bleibt ein nüchterner, erdverbundener Mensch, der lieber seinem Verstand als seinem Herzen folgt.
Ergänzend zu seinen Verstandesgaben besitzt der Büffel zudem ein gutes Gedächtnis, das er nicht nur nutzt, um sich Geburtstage oder Telefonnummern zu merken. Besonders gut funktionieren seine zerebralen Speicherzellen, wenn es um Schandtaten, Schurkereien und Bosheiten geht, die ihm jemand angetan hat. Selbst wenn solche Ereignisse in ferner Vergangenheit geschehen sind, führt der Büffel nachtragend Buch darüber und vergißt nicht die kleinste Einzelheit. Eine Kränkung, die jemand einem Büffel antut, wird Folgen haben, und wenn es erst in Jahrzehnten ist. Einmal beleidigt oder verletzt, zeigen sich Büffel stolz und wenig kompromißbereit.

Wenn ein Büffel erst einmal rot sieht, kann er überaus gefährlich werden. Er greift blindlings jeden an, der sich ihm in den Weg stellt. Wehe dem, der einen solchen Büffel zum Feinde hat! Es wird nämlich unmöglich, vernünftig mit ihm zu reden, und er wird erst Ruhe geben, wenn er seine Wut ausgelassen hat.

Wie aggressiv ein Büffel werden kann, hängt auch von seiner Geburtstunde und somit von seinem Weggefährten ab. Dennoch sind Büffel keine wilden Kampfmaschinen, und sie gehen auch nicht bei jedem kleinen Anlaß an die Decke. Es kostet einige Mühe, sie auf 180 zu bringen. Im allgemeinen stehen sie ihrer Umwelt gerecht denkend gegenüber und sind gute Zuhörer auch in Krisensituationen. Aber sie lassen sich nur schwer umstimmen, wenn sie einmal von einer Sache oder einer Person negativ eingenommen sind. Halsstarrig halten sie an der einmal gewonnenen Mei-

Eheleute, die sich lieben,
sagen sich tausend Dinge,
ohne zu sprechen.

Lieber konservativ als Präservativ

BÜFFEL UND DIE LIEBE

Don Juan war sicher kein Büffel, denn in Herzensdingen kann der Büffel unbeschreiblich ahnungslos sein. Den Zirkus um die Liebe begreift er nicht. Lyrische Gedichte oder Ständchen unterm Balkon kommen in seiner erotischen Fantasie nicht vor. Wenn er seiner Angebeteten etwas schenkt, dann entweder einen langweiligen Blumenstrauß aus der Gärtnerei an der Ecke oder etwas Praktisches für Heim, Küche und Herd. Erwarten Sie von ihm keine Verführungskünste oder betörenden Liebesgeschenke!

Ähnlich fallen weibliche Liebesgaben an ihre Partner aus: Bohrmaschinen und Heimwerkerkomplettausrüstungen sind an der Tagesordnung.

Doch es kommt noch schlimmer: Büffel verlieren vor lauter Erregung ihr selbstsicheres, gelassenes Auftreten, wenn sie dem geliebten Menschen gegenübertreten, und werden zum stammelnden, nach Worten suchenden Nervenbündel, denn ein Auftritt auf der Bühne der Erotik ist in ihrem Leben selten.

Und selten erfolgreich: Spontane Liebesnächte und heiße Affären gibt es im Zeichen Büffel kaum. Büffel-Mann und -Frau halten auf Etikette, zieren sich unnötig lange und landen erst auf dem Liebeslager, wenn der erste emotionale Rausch bereits verflogen ist. Unter einem halben Jahr Verlobungszeit läuft in der Regel nichts, und Büffel, die bereits nach vier Wochen zum Vollzug des Liebesfestes schreiten, müssen für dieses Zeichen als ausgesprochene Casanovas gelten.

Glauben Sie jedoch nicht, daß die Liebe einen Büffel-Menschen aus seiner gewohnten Bahn werfen kann! Büffel denken viel zu viel und wägen auch in Liebesdingen ab. Einen bedeutenden Maßstab für die Liebe stellen auch die finanziellen Gegebenheiten des Partners dar. Wenn es dort nicht stimmt, kann auch das knackigste Hinterteil - männlich oder weiblich - Büffelmenschen nicht reizen.

Im späteren Zusammenleben mit Büffeln sind es nicht tiefe Emotionen, die Büffel "bei der Stange" halten. Vermutlich wirkt bei diesem Zeichen mehr die Macht der Gewohnheit. Aber Büffel, ob Mann oder Frau, verdienen die Brötchen für ihre Familie und würden die Ihren nie im Stich lassen. Im Gegenteil: Büffel tun alles, damit es ihrer Familie gutgeht.

Apropos Alltagstrott: Auf Untreue oder andere Enttäuschungen in der Liebe reagieren viele Büffel radikal. Wohl aus Angst vor einer weiteren Entwürdigung und Enttäuschung ziehen sie sich zurück, vergraben sich in Arbeit oder führen eine Eremitenexistenz.

Noch eine spezielle Anmerkung zur Büffel-Dame: Sie gehört zu einer aussterbenden Art, die von gewissen Männern jeden Alters gesucht wird: Sie ist nicht nur gründlich und praktisch, ordnungsliebend und auf die Sekunde pünktlich, sondern zudem noch aufrichtig und fleißig. Kurz: die ideale Haushälterin. Wenn es gelingt, sie zu heiraten, spart man(n) das Gehalt.

Wenn du einen Drachen malst,
dann malst du seine Haut,
nicht seine Knochen.
Wenn du einen Menschen kennst,
so kennst du sein Gesicht,
nicht sein Herz.

Nicht gerade Casanova

BÜFFEL UND IHRE PARTNER

Die zwölf möglichen Kombinationen

Traumpaar Light: Ratte - Büffel

Der Büffel bereichert die Geldbörse der Ratte, die aber auch ihrerseits finanziell nicht ohne Glück ist. Wohlstand ist dieser Verbindung sicher, und beide verstehen es, darauf eine langdauernde Beziehung voller Sicherheit und Zuverlässigkeit aufzubauen.

Weibliche Ratten brillieren sowohl als Hausfrauen wie auch als Geliebte, was den Büffel-Mann zu ungeahnten Höhen der Leidenschaft aufsteigen läßt. Die Nörgelsucht der Ratte prallt an der Sturheit des Büffels einfach ab - gut so! Konflikte ergeben sich, wenn der erzkonservative Erd-Büffel allzu chauvinistische Sprüche zu Gehör bringt.
Doch versteht es die Ratte stets, die unbändige Kraft des Büffels im Zaume zu halten, so daß nur selten es zu gefährlichen Eruptionen kommt.
Das entsprechende Traumpaar: Charlie Chaplin (Büffel) und Doris Day (Ratte)

Doppelholzkopf: Büffel - Büffel

Zwar ähneln sich ihre Lebensauffassungen aus verständlichen Gründen, doch sind beide viel zu stur und unbeweglich, um auf die so naheliegenden Wünsche des Partners einzugehen. Wenn der eine Büffel Hü sagt, erwidert der andere Hott! Nur wenn sie gemeinsam in einem Geschirr gehen und sie die Peitsche des Lenkers bedroht, richten sie ihre gewaltige Kraft in eine und dieselbe Richtung. Allein auf sich gestellt siegt der Sturkopf - bei beiden. Wie soll auch Autorität richtig wirken, wenn zwei Büffel diesselbe verstromen? Das muß einfach Konkurrenzgefühle und Streit geben.
Es würde krachen bei: Peter Sellers und Jessica Lange (beide Büffel)

Krisenzentrum: Büffel - Tiger

Keine idealen Voraussetzungen: Im Charakter unterschiedlich wie Katz und Maus, findet der Tiger den Büffel so interessant wie eine Packung Margarine, während der Büffel den Tiger für einen streitsüchtigen und rücksichtslosen Angeber hält. Was soll der warmherzige und charmante Tiger mit dem rückständigen Verstandesmonster Büffel anfangen? Eine Annäherung der Standpunkte ist unmöglich, und so kommt es nur zu Verbindungen, wenn Metalleinfluß und Weggefährte die negativen Kräfte anders richten.
Das Paar der Knallbonbons: Marilyn Monroe (Tiger) und Richard Burton (Büffel).

Dream-Team: Büffel - Katze

Zwar keine Romeo-Julia-Liebe, aber immerhin eine der starken erotischen Verbindungen im chinesischen Tier-

kreis. Ergänzen sich in puncto Häuslichkeit und in den Ansichten über das Zusammenleben aufs Beste. Beide bemühen sich, ihren Weg tugendhaft und rechtschaffen zu beschreiten, wenn auch der des Büffels hin und wieder durch die eine oder andere Wand gehen muß. Die beiden fetzen sich zwar hin und wieder ausgiebig über Kleinigkeiten wie zum Beispiel die Disziplinschwächen der Katze oder die starren Ansichten des Büffels, aber haben nur selten existentielle Krisen.
Das reale Team: Martin Luther (Katze) und Hildegard Knef (Büffel).

Respekt, Respekt: Büffel - Drache

Auch keine heiße erotische Kiste, aber ein Paar, das mit Verständnis und Respekt miteinander umgeht. Die beiden sehen sich weder als Konkurrenten noch vermuten sie beim Partner außerhäusige Aktivitäten. Krach kann es geben, wenn der Drache seine Prunksucht übertreibt. Dann schrillt beim Büffel die Alarmklingel gegen alles, das gegen seine Normen verstößt. Ideal ist diese Konstellation, wenn es gilt, Interessen mit Macht durchzusetzen. Sowohl der Drache als auch der Büffel aktivieren dann unwiderstehliche Energiereserven.
Zwei Kraftpakete: Faye Dunaway (Drache) und Hermann Hesse (Büffel).

Das bringt es: Büffel - Schlange

Nahezu ein ideales Paar, das sich mit liebevoller Geneigtheit betrachtet. Besitzen einen guten Draht zueinander, d.h. sie reden nicht aneinander vorbei. Wutausbrüche bekommt der Büffel, wenn die Schlange mit gespaltener Zunge redet und ihm Lügenmärchen auftischt. Der diplomatischen Schlange widerstreben die Hauruck-Lösungen, für die der Büffel in Krisensituationen plädiert, denn ihr Denken geht eher philosophische Wege. Dennoch schwingen ihre Seelen so, daß sie gut miteinander leben und lieben können.
In Resonanz: Isabelle Huppert (Schlange) und Dustin Hoffman (Büffel).

Sprengsatz: Büffel - Pferd

Nein, da paßt nicht viel zueinander: Hier der dumpfe und konservative Büffel, dort das laute, launische, leichtlebige und selbstzufriedene Pferd. Sollte es dennoch einmal funken: Spätestens nach vollbrachter Liebesnacht wird dem Pferd das Rindvieh zu langweilig, während dem Büffel der leutselige Hengst viel zu windig erscheint. Außerdem vergaloppiert sich das Pferd häufig auf anderen Weiden, was der Büffel mit zum Angriff gesenkten Hörnern quittiert.
Der Quickie mit Fluchttendenz: Chris Evert (Tennis-Pferd) und Jack Nicholson (Büffel).

Kühles Klima: Büffel - Ziege

Die kreative Ziege mit dem unbeweglichen Hornvieh? Das kann nicht lange halten! Selbst dem nicht eben schnellen Büffel kann die geradezu kosmisch dimensionierte Trägheit der Ziege aufs Gemüt schlagen. Und der Ziege fällt in Kürze auf, daß der Büffel ungefähr soviele Einfälle pro Jahr produziert wie ein Mönchsorden eigenen Nachwuchs. Eine durch glückliche Umstände einmal begonnene Beziehung brutzelt allenfalls auf Sparflamme, wenn die Weggefährten günstig sind. Ansonsten kracht es oder man lebt desinteressiert aneinander vorbei.

Das Paar im Kühlfach: Cathérine Deneuve (Ziege) und Bill Cosby (Büffel).

Hornochse im Affenhaus: Büffel - Affe

Der Affe ist so flink, daß der Büffel einen Gutteil seiner Aktivitäten überhaupt nicht mitbekommt. Dennoch beargwöhnt er den Primaten immer und kann kein rechtes Vertrauen fassen. Zu recht, denn die Tricks, welche Affen auch gegenüber ihren Partnern zur Anwendung bringen, können schon ziemlich haarsträubend

sein. Auch dem Affen ist das langsame Wesen Büffel nicht immer recht geheuer. Zudem vermißt er, der gefühlsselige Selbstdarsteller, Zuwendung und echte emotionale Tiefe.
Den Partner immer fest im Blick: Elizabeth Taylor (Affe) und Napoleon Bonaparte (Büffel)

Traumpaar: Büffel - Hahn

Dieses doppelt kopfgesteuerte Paar findet gemeinsam Glück und Erfüllung. Zwar ist der Hahn für den Büffel ein winziges bißchen zu sehr nach außen orientiert und auf Wirkung bedacht, doch bewundert er ihn deshalb insgeheim. Besonders um seine brillante Fähigkeit zur Konversation beneidet ihn der Büffel. Der Hahn wiederum sieht im Büffel den ruhenden Punkt, der seinem Leben manchmal fehlt. Eigenartig auch, daß sich diese beiden Verstandeswesen auch auf emotionaler Ebene begegnen.
Das ideale Gespann: Melanie Griffith (Hahn) und Eddie Murphy (Büffel)

Voll daneben: Büffel - Hund

Zwar treffen sie sich noch auf der Ebene des unbedingten Pflichtgefühls, doch sehen sie auch dieses bei genauerer Betrachtung schon recht unterschiedlich: Der Hund ist in den Augen des Büffels viel zu weich und altruistisch, während der Hund dem Büffel Materialismus und Selbstsucht vorwirft. Das starke Horntier hält den eher sanften Hund für einen Kriecher und Anpaßling. Völlig auf den Geist gehen dem Büffel die Schuldzuweisungen des Hundes. Auch kann er, der Fels in der Brandung, die kleinlichen Ängste des Hundes

nicht begreifen. Nein, die beiden verstehen sich nicht und haben auch nicht vieles gemeinsam. Die Zeichen stehen auf Trennung!
Schlechte Prognose: Madonna (Hund) und Bill Haley (Büffel).

Nicht von Dauer: Büffel - Schwein

Streit ist nicht das Problem dieser Beziehung, aber ihre Freude eben auch nicht die Leidenschaft. Weder rappelt es im Karton noch geht im Bett die Post ab. Besserwissereien des Schweines schrecken den Büffel ab, der ja schließlich selbst für jede Lebenslage ein Vorurteil besitzt. Zwar ähneln sich Schwein und Büffel vom Charakter her nicht nur in diesem Punkt, doch reicht es nicht für ein Gefühl der Gemeinsamkeit. Wichtigste Kontaktstelle: die gedeckte Tafel. Und das genügt einfach nicht für eine ewige Liebe!
Mit gebremstem Schaum: Boris Karloff (Schwein) und Jane Fonda (Büffel).

BÜFFEL UND IHRE FAMILIE

Büffel schätzen die Familie nicht als Hort der Wärme und Geborgenheit, sondern als traditionelle Form des Zusammenlebens. Das bedeutet, daß nicht das Miteinander die tragende Rolle in der Gemeinschaft spielt, sondern die bewährte Form. Man lebt eben in der Familie. Basta. Es sollte einen außenstehenden Betrachter nicht wundern, wenn Büffel selbst mit nahen Verwandten formell und kühl umgehen. Dies ist nicht das warme Familienleben der Ratte-Menschen. Nein, Büffel denken die Familie auch als Rechts- und Herrschaftsform. Mehr noch: Sie tendieren zum Bau von Dynastien.

Besonders Büffelmänner sehen sich als Herrscher und Kopf eines solchen Gebildes. Manche männliche Büffel entwickeln sich zu wahren Haustyrannen und Pantoffelhelden. Ihr Wort ist in ihren vier Wänden das einzige gültige Gesetz, und hier zeigt es sich am deutlichsten, daß Büffel Befehle nicht nur befolgen, sondern auch erteilen können.

Büffelfrauen tendieren, je nach Elementeneinfluß und Weggefährte, zur Hausmütterchen-Rolle (die perfekte Hausfrau) oder bauen langsam, aber sicher ein perfektes Matriarchat auf, in dem sie (und eben nicht ihr Mann) alle Fäden in Händen halten.

Nach alter Gutsherrensitte streben Büffel Haus- und Landbesitz an und führen sich bereits als Landadliger auf, wenn sie nach langen Mühen Besitzer einer Wüstenbrot-Villa mit 400-Quadratmeter-Grundstück geworden sind.

Zusammengefaßt:

Die Familie bildet für die meisten Büffel-Menschen die Basis all ihrer Unternehmungen. Nur starke Einzelexemplare mit bewegter Biographie leben allein.

Wer viel lacht und viel weint,
wird sehr alt.

Zu fett, zu viel und viel zu schlaff

DIE GESUNDHEIT DES BÜFFELS

Büffel stellen das langlebigste chinesische Zeichen dar. Sie besitzen eine bemerkenswert robuste Konstitution und werden nicht so leicht ernsthaft krank. Das bedeutet nicht, daß sie nicht hin und wieder unter leichtem Unwohlsein oder eingeschränkter Gesundheit leiden. Schon ihre hypochondrische Ader bringt sie dazu, gelegentlich über Schmerzen hier und Beschwerden dort zu klagen. Erkältungswellen gehen selten spurlos an ihnen vorüber.

Hauptangriffspunkt für Gesundheitskrisen des Büffel ist, wie könnte es bei dieser Lebensweise anders sein, der Magen. Büffel essen zu gern, zu fett und viel zu viel. Auch psychisch tun sie sich einiges an: Auf ihre frustrierenden Abwarte- und Durchhaltestrategien reagiert eben am empfindlichsten ihr Magen. Deshalb leiden sie unter Geschwüren, nervösem Magen, Magenkrämpfen, Durchfall und Erbrechen. Gegenmaßnahmen: hin und wieder FDH - und eine etwas niedrigere Erwartungshaltung gegenüber den eigenen Leistungen.

Natürlich haben viele Büffel (wen wundert es bei diesen Kalorienbergen?) Übergewicht. Sie leiden daher unter Bluthochdruck, hin und wieder erkennbar an ihrer rötlichen Hautfarbe. Besonders ältere Jahrgänge brauchen daher einige einschränkende Lebensregeln: Vor allem die Knabber- und Naschsucht sollte unterbunden werden. Nüsse beim Fernsehen und Schokolade beim Autofahren oder im Büro setzen gewaltig an.

Büffel sind arbeitssüchtig. Zwar führt jede Sucht zu körperlichen und seelischen Schäden. Doch einsichtige Büffel wissen, daß bei ihnen Arbeit in gut gewählter Dosis als Lebenselexier wirkt. Doch halten sie sich periodisch konsequent von jeder Überbelastung fern - für eine kurze Weile. Das empfinden Büffel als anstrengend, aber es tut ihnen - im Nachhinein betrachtet - sehr gut.

Büffel - ob männlich oder weiblich - reagieren schnell und stark auf Sonneneinstrahlung. UV-Licht läßt ihre Haut erröten wie bei einem Zwölfjährigen, der zum ersten Mal Einblick in die Rätsel körperlicher Liebe gewinnt. Leider endet dieser Vorfall beim Büffel nicht mit Lustgefühlen, sondern eher mit einem massiven Sonnenbrand. Lichtschutzfaktor 12 ist gefragt!

Unsere Büffel-Gesundheitstips:

1. Etwas Mäßigung in jeder Hinsicht schafft im Krankheitsfalle Abhilfe.
2.Das Leben auf dem Lande bekommt Büffeln besser als der Streß in der Stadt.
3. Betrachtung statt Überlegung! Büffeln sollten ihr Mißtrauen gegen Esoterisches abbauen und z.B. häufiger meditieren.

Ein Augenblick Geduld kann viel Unglück verhüten.

Immer mit der Ruhe!

WIE BÜFFEL AM BESTEN IHR GLÜCK FINDEN

Büffel haben ihren eigenen Rhythmus, und nur wenn sie in ihrem Tempo leben können, werden sie ihre Zufriedenheit finden. Sagt doch eine chinesische Weisheit:

"Der Weise kennt keine Hast,
und der Hastende ist nicht weise."

Wenn Büffel jedoch nach ihrem Tempo leben können, verstehen sie es, ihre materiellen Errungenschaften zu schätzen und zu genießen - immer jedoch mit einem Seitenblick auf neue, erstrebenswerte Besitztümer. Gefühlsregungen gegenüber Menschen, außer vielleicht das familiärer Zusammengehörigkeit und gemeinsamer Alltäglichkeit, sind erschreckend gering an ihrem Glücksempfinden beteiligt.

Wer einen Tag glücklich sein will,
der trinke!
Wer eine Woche lang glücklich sein will,
der schlachte ein Schwein!
Wer ein Jahr glücklich sein will,
der heirate!
Wer immer glücklich sein will,
der werde Gärtner!

Eitel Blendwerk? Nein Danke!

Was Büffeln den Weg zum Glück versperrt

Ein Leben in Hektik ist ihnen ebenso zuwider und macht sie unglücklich, wie verlogene gesellschaftliche Verpflichtungen, hohle Höflichkeiten und eitle Selbstüberschätzung bei anderen. Auch stört es sie mächtig, wenn ihr Bedürfnis nach Sicherheit durch allzu viele Neuerungen und Veränderungen gestört wird.

Ein Pechtag für einen Büffel: Der Wecker klingelt statt in D-Dur plötzlich in cis-Moll, die Kaffeemaschine streikt, und es gibt statt der gewohnten braunen Brühe Tee (im Werbefernsehen grinst der Melitta-Mann sein unnachahmliches Strahlemann-Grinsen). An diesem Punkt schlägt die Wahrnehmung des Büffels bereits ins Sarkastische um: Die Ehefrau beschließt, sich massiv der Grünen-Punkt-Heilslehre anzuschließen und kramt umweltbesäuselt im ganzen Haus nach recyclingfähigen Objekten, der Postbote kommt zu spät oder gar nicht, und der Straßenbahnwagen ist rot, statt wie gewohnt beige. Das kann nur ein übler Tag werden!

Wer Geld hat, ist ein Drache,
wer keines hat, ein Wurm.

Am liebsten Reich ohne Risiko

Büffel und das Geld

Der Büffel erreicht Wohlstand oder gar Reichtum durch Standhaftigkeit und harte Arbeit. Finanzielle Risiken oder gar Vabanque-Spiele sind ihm zuwider: Die Angst um seine lieben Mäuse würde ihn aus dem Häuschen bringen wie Dagobert Duck, der mit einem Einbruch der Panzerknacker rechnet. Nein, es ist kein Geiz, der den Büffel dazu bringt, seine Barschaft beisammenzuhalten und nichts zu riskieren. Nur sagt ihm sein Verstand, daß Verschwendung oder unnötig hohes Wagnis keine guten Folgen haben. Außerdem würde er das Gefühl überhaupt nicht spüren, das andere beim Genuß von Beluga-Kaviar oder einer echten 100-Dollar-Davidoff genießen.

Seine Vorsicht bereitet ihm jedoch auch manches Mal Kummer. Er vergißt, daß Investitionen das Geschäft in Bewegung halten und muß oft erst einen Rückschlag hinnehmen, um zu erfahren, daß der, der nichts wagt, auch nichts gewinnt.

Büffel sind finanziell unbedingt zuverlässig. Sie begleichen ihre Rechnungen grundsätzlich pünktlich und ohne Abzüge. Es macht Spaß, mit einem Büffel Geschäfte zu machen, denn er ist ein zuverlässiger und effektiver Partner, der alle Erwartungen erfüllt, die man in ihn setzt.

Gegenüber ihrer Familie und, soweit vorhanden, gegenüber ihren Freunden sind Büffel in Maßen großzügig. Nie würden sie es wagen, ihre Gäste unter einem gewissen Niveau zu bewirten oder zu beschenken. Allerdings werden sie auch nie versuchen, durch Luxus oder Verschwendung zu beeindrucken.

Büffel hassen Schulden und verleihen auch nur ungern Geld. Vermutlich kennen sie die folgende chinesische Weisheit:

"Leihe Geld einem, der es nicht zurückgibt, und er wird es dir noch übelnehmen."

Eine Erfahrung, der auch Menschen anderer Zeichen sicher zustimmen werden.

Du mußt den Brunnen graben,
bevor du Durst hast.

WIR STELLEN EIN: ARBEITSTIERE

DER BÜFFEL IM BERUF

Im Arbeitsalltag erweist sich der Büffel als überaus zuverlässig. Bedachtsam und methodisch wühlt er sich auch durch den größten Berg von Arbeit. Unermüdlich stellt er sich auch Aufgaben, vor denen andere kapitulieren. Für seine Firma ist er daher ein hochgeschätzter Betriebsangehöriger. Da er halbe Sachen haßt, bringt er immer auch zu Ende, was er in Angriff genommen hat - eine Eigenschaft, die seine Chefs schätzen. Sie wissen: Was in den Händen eines Büffels liegt, ist bestens geregelt. Auch "niedere" Arbeiten schrecken ihn nicht. In diesem Punkte gibt er seinen Kollegen ein leuchtendes Beispiel. Mitarbeiter allerdings, die eher eine gewerkschaftliche Position vertreten, betrachten den Büffel als den willfährigen Deppen und Einschleimer, der ihnen die Maßstäbe versaut. Sie mögen ihn schon deshalb nicht, weil sie seinen übertriebenen Fleiß für kontraproduktiv halten.

Aufgaben und Probleme geht der Büffel methodisch an. Dabei hält er sich, besonders wenn es um zwischenmenschliche Aspekte geht, gern an vorgegebene Wege ("der Dienstweg") oder an feste und bewährte Verhaltensmuster. Überhaupt tritt er Althergebrachtem und traditionellen Gepflogenheiten mit Achtung gegenüber. Wen wundert es, daß er pflichtbewußt denkt und hochwertigen Lösungen "für die Ewigkeit" den Vorzug gibt.

Man schätzt und bewundert im Berufsleben seine Ehrlichkeit, Geradlinigkeit und die Art und Weise, in der er zu seinen Grundsätzen steht. Tricks und Winkelzüge sind ihm ein Greuel und kollidieren mit seinen festen Moralbegriffen. Nie würde er sich unfairer Mittel bedienen. Konkurrenten und Gegnern tritt er frontal gegenüber und bietet ihnen die Stirn. Ungern bittet er andere Mitarbeiter um Hilfe, denn er ist auf seine Autonomie bedacht. Mitarbeit im Team liegt ihm daher nicht sonderlich.

Und damit beginnt die Liste der beruflichen Schattenseiten, die Büffel für bestimmte Berufsbereiche nicht geeignet erscheinen lassen: Innovation ist nicht ihre Sache, und sie halten auch dort an Konventionen fest, wo Neuerungen Not tun. Ein manchmal vorkommender Mangel an Toleranz und fehlende Verbindlichkeit lassen Büffel für Positionen in der Kontaktpflege, Diplomatie und in anderen Bereichen, die Einfühlungsvermögen erfordern, wenig geignet erscheinen. Im ungünstigsten Falle reagieren Büffel unbeweglich und kleinkariert.

Auch in der Menschenführung zeigen Büffel nicht nur positive Seiten: Als Unternehmer, Abteilungsleiter oder als "Schulmeister" neigen sie zu übermäßiger Strenge und unnötiger Härte. Wobei sie sich vermutlich die folgende chinesische Weisheit vor Augen halten, die sicher auch ihre richtigen Seiten hat:

„Wenn du willst, daß sie dich hassen,
dann schenke ihnen Brot.
Wenn du willst, daß sie dich lieben,
dann zwinge sie, einen Turm zu bauen."

Wissen ist ein Schatz, der seinen Besitzer überallhin begleitet.

Ost und West im Alltagstest

KANN DER BÜFFEL MIT DER WAAGE?

Wie wirken die Zeichen des chinesischen Mondkalenders mit den Tierkreiszeichen unseres Sonnenhoroskops zusammen? Was, wenn sich Büffel und Waage in einer Person vereinen? Die zwölf möglichen Kombinationen für das chinesische Zeichen Büffel:

Tellermine: Der Widder-Büffel

Ein Büffel, den seine inneren Kräfte hin- und herreißen: Folgt er nun den ruhigen Kräften des Büffels oder der hektischen Widder-Energie? Eine Gefahrenquelle stellt das Aggressionspotential beider Zeichen dar: Der Widder-Büffel ist beim kleinsten Anstoß auf 180 oder auch

220 und explodiert wie eine Tellermine. Übrig bleibt reichlich viel Verwüstung, um deren Beseitigung - typisch Widder - er sich nicht kümmert. Auch der in beiden Zeichen ausgeprägte Erfolgsdrang kann zum Problem werden, wenn er soziale Rücksichten übersieht und über Leichen geht. Im alltäglichen Umgang kein einfacher Mitmensch!

Kotzbrocken: Der Stier-Büffel

Der Stier-Büffel bildet die Allianz zweier Hornviecher, deren beharrende und sture Eigenschaften eine unheilige Liaison eingehen. Das ist genau der spießige Nachbar, den niemand mag - wenn nicht die Kräfte der Elemente oder der Weggefährte diese Energien dämpfen. Einziger Lichtblick: Die Verbindung des Stiers zur Venus, so daß der Mangel des Büffels an Leidenschaft ein wenig ausgeglichen wird. Ansonsten sieht der China-Astrologe schwarz: Hier verbinden sich Emporkömmling und Streber, Bourgeois und Philister, Despot und Diktator. Meinungen sind nicht gefragt, es regiert das Vorurteil. Diskussion überflüssig, und seinen Feinden gnade Gott! Einer der bedrohlichen Büffel!

Gelungene Mischung: Der Zwilling-Büffel

Hier ergänzen sich zwei Zeichen wie Schlüssel und Schloß. Die Kräfte des Büffel vermitteln dem Zwillingsmenschen die Ruhe und Beharrlichkeit, die er so dringend braucht, während der Zwilling dem Büffel einen Schuß Esprit und Lebenskraft mitgibt. Endlich kann der Zwilling auch längerfristig denken und der Büffel mal über einen Witz lachen. Der Zwillings-Büffel wird sehr beliebt sein, denn er dürfte zu den sympathischsten Vertretern seines Zeichen zählen.

Gefühls-Doping: Der Krebs-Büffel

Selten, daß ein Büffel mit seinen Mitmenschen fühlt und sich in Gesellschaft galant und taktvoll benimmt. Dieser kann es. Auch seine familiären Bindungen sieht dieser Büffel nicht so kühl und dynastisch - wenn die Kräfte des Zeichens Krebs dominieren. Ein solcher Krebs-Büffel ist auch ein guter Gesprächspartner, der seinen Verstand nutzbringend für andere anwenden kann. Haben jedoch die Kräfte des Zeichens Büffel die Oberhand, wird der Widder-Büffel allenfalls zum sanften Despoten, der seine Befehle mit Höflichkeit kaschiert.

Autoritätsperson: Der Löwen-Büffel

Krankt die Persönlichkeit des Löwen manchmal daran, daß sie aufgeblasen und arrogant wirkt, so gibt ihr der Büffel einen handfesten und von natürlicher Autorität geprägten Hintergrund. Der Löwe-Büffel ist ein gerechter und großzügiger Mensch mit großer Ausstrahlung, die beim Feuer-Löwen-Büffel geradezu eine Aura sein kann. Hinter seinem leutseligen Lächeln verbirgt sich jedoch auch ein unbeugsamer Wille und ein Machtstreben, wie es Herrscher und Führungspersonen besitzen. Niemand macht diesem Menschen seinen Anspruch streitig, weil seine würdevolle Haltung wirklich beeindruckend ist.

Haarspalter: Der Jungfrau-Büffel

Genauigkeit ist sein ein und alles, und nichts geht dieser eigenbrötlerischen Person über Präzision und Regeltreue. Verstöße gegen Regel oder Gesetze ahndet der Jungfrau-Büffel gnadenlos, und er zögert nicht, einen Menschen, den er für einen Missetäter hält, vor die Schranken des Gesetzes zu zerren. Nicht nur seine Befähigung, über lange Zeit in Einsamkeit systematisch an einem Problem zu arbeiten, befähigt ihn zum Wissenschaftler, sondern auch das Phlegma, mit dem er Mißerfolge wegsteckt. Unsympathisch macht ihn neben seiner manchmal vorhandenen Denunziantenmentalität auch seine Besserwisserei. Manche Jungfrau-Büffel haben die Wahrheit förmlich gepachtet.

Zwischen Arbeit und Genuss: Der Waage-Büffel

Der Starrsinn des Büffels wird von der Befähigung der Waage zu komplexer Wahrnehmung und von ihrer Harmoniesucht gebrochen. Ergebnis: Ein heiterer Büffel, der leicht Kontakte knüpft und sich auch unter Menschen wohlfühlt. Die Stärke des Büffels nimmt der Waage ihre Unsicherheiten und ihren Wankelmut. Der Waage-Büffel ist ein Mensch, der zwar nach Büffelart arbeitet, aber auch der Welt und all ihren Genüssen zugeneigt ist. Für einen Büffel ist er beachtlich verschwenderisch, besonders wenn es um seine eigene Bequemlichkeit und sein Wohlergehen geht.

Grobian oder Guru? Der Skorpion-Büffel

Sein Ich wurzelt im tiefsten Unterbewußtsein, wo dunkle Kräfte seine Antriebe bilden. Sein Weltbild ist - einmal geformt - starr und unveränderlich, und alle seine Mitmenschen haben sich daran zu halten. Er teilt seine Welt in Gut und Böse und kämpft verbissen für seine Ziele. Seine Mitmenschen sieht er entweder als Gefolgsleute oder zu bekämpfende Ausgeburten des Bösen. Er ist stark, schnell und unberechenbar in seinen Reaktionen, was ihn zum gefährlichen Feind werden läßt. Besonders unter Feuereinfluß kann der Skorpion-Büffel zum unheilvollen Führer werden. Glücklicherweise mildern meist Elementeneinfluß und Weggefährte die harten Eigenschaften dieser Person.

PR-Genie: Der Schützen-Büffel

Zwar ist auch der Schützen-Büffel kein Mensch mit geschliffenen Umgangsformen, doch gibt er seinen Affronts und Beleidigungen eine verbindlichere Form oder läßt seinen Opfern ein Hintertürchen, als könnte alles ein Scherz sein. Für einen Büffel verfügt er über ausgeprägte kulturelle Interessen und einen guten, wenn auch preisgebundenen Geschmack. Er ist in gewissen Grenzen sozial und seinen Mitmenschen gegenüber positiv eingestellt, nimmt Notiz von seiner Umwelt und eilt hilfsbereit zur Stelle, wenn es brennt. Allerdings verkauft er seine Leistungen schamlos auch zu seinem eigenen Nutzen und wertet so sein Image auf. Ein Büffel, der es versteht, seine positiven Eigenschaften publikumswirksam ins rechte Licht zu setzen.

Fels in der Brandung: Der Steinbock-Büffel

Wie ein Wellenbrecher aus Beton steht er in den wildesten Zeitläuften, und brechen ihm auch die Kräfte der Gezeiten Zacken aus der Krone, so steht er doch seinen Mann. In Krisenzeiten trägt er Verantwortung und bietet er seinen Angehörigen Schutz, doch hat seine Person nur wenig leichte und spielerische Seiten. Verborgen unter seiner harten Oberfläche schlummern zarte Gefühle, denen er nur selten erlaubt, an die Oberfläche zu dringen. Er nervt durch starre, vorgefaßte Meinungen und kann erschreckend selbstgerecht und überheblich sein, wenn ihn jemand angreift.

Nonkonformist: Der Wassermann-Büffel

Auch er hält sich am liebsten an ein Regelsystem, aber es darf ruhig das eigene sein. Gesetze biegt und beugt er ein wenig, und Anstandsregeln werden ihm nie viel bedeuten. Dem Starrsinn des Büffels stehen intelligente Nachgiebigkeit und flexibler Ideenreichtum gegenüber, was ihn für einen Büffel in beachtlicher Weise unberechenbar macht. Sein nächster Schritt ist nie der, welcher von seiner Umwelt erwartet wird. Für einen Wassermann ist er bei der Durchführung seiner Projekte bemerkenswert effektiv.

Mögest du in bewegten Zeiten leben!

Die Zukunft des Büffels

Was erwartet den Büffel in den herannahenden Jahren unter der Herrschaft der anderen Tierzeichen? Werfen Sie einen Blick weit hinaus in die Zeit und lesen Sie die Geheimnisse Ihrer Zukunft im kommenden Jahrzehnt:

Im Jahr des Hundes 1994 • 2006

Lassen Sie sich nicht mit scheinheiligen Argumenten zu unnötigen Geldausgaben bewegen! Wer jetzt nach Hilfe in der Not ruft, meint eher seine Bequemlichkeit. Ein Jahr, in dem den Büffel Reisen, Unbequemlichkeiten und unerwartete Kosten überraschen. Scheinbar ernstzunehmende Gegner erweisen sich zum Jahresende als Papiertiger.

Im Jahr des Schweines 1995 • 2007

Die Anstrengungen dieses Jahres tragen womöglich erst in der Zukunft Früchte. Es ist aber wichtig für den Büffel, seinen Durchhaltewillen zur Schau zu stellen. Konflikte unter Freunden, in der Familie und im Beruf prüfen bestehende Konstellationen, bahnen aber auch neue Verbindungen an. Eine Vielzahl neuer Türen tut sich auf.

Im Jahr der Ratte 1996 • 2008

Beste Voraussetzungen für Vermögen, Familie und Beruf. Der Büffel klettert auf der Karriereleiter ebenso nach oben wie das Konto in astronomische Höhen. Jetzt geht alles: Vermischen Sie ruhig Vergnügen und Geschäft! Selbst das Finanzamt hat nichts dagegen, wenn Sie mit der kompletten Sippschaft eine Geschäftsreise auf die Bermudas unternehmen!

Im Jahr des Büffels 1997 · 2009

Ein weiteres Jahr voller Erfolge, auch wenn gewisse anfängliche Widerstände zu überwinden sind. Haus und Hof des Büffels ziehen viele Menschen an, wobei diese flüchtige Besucher, aber auch bleibende Freunde sein können. Junge Büffel haben im Sommerurlaub beste Aussichten, ihren Traumpartner zu finden. Sehen Sie getrost jedem bunten Bikini und jedem breiten Brustkorb nach! Wen wundert es: Auch für Nachwuchs stehen die Zeichen gut. Ein ideales Jahr für Heirat, Trennung und neue Verbindung oder ein neues Leben in der Ferne! Stellen Sie die Weichen!

Im Jahr des Tigers 1998 · 2010

Kein Jahr für übereilte Entscheidungen, ungesteuerte Aktivitäten oder radikale Lösungen! Halten Sie ihr Risiko noch kleiner als gewöhnlich! Das Jahr des Tigers kann Gefahr bringen - für Sie, Ihr Geld und ihre Vorhaben! Büffel sollten sich auf eine einjährige Belagerung Ihrer Position einstellen. Üben Sie sich in Geduld, legen Sie Patiencen oder stricken Sie Pullover für die ganze Sippe! Eine Attacke zum Jahresende schlägt Feinde in die Flucht.

Im Jahr der Katze 1999 · 2011

Ein Jahr, dessen feinsinnige Schwingungen der Büffel kaum zu nutzen weiß. Vieles wirkt auch attraktiver und begehrenswerter, als es nachher ist. Vermeiden Sie hastige Entscheidungen oder Zusagen, besonders wenn Ihre Unterschrift darunterstehen soll. Bestehen Sie auf Ihrem eigenen Tempo! Dennoch ist das Jahr der Katze kein feindliches Jahr für den Büffel, sondern eines der kleinen Erfolge und der stetiger Aufwärtsentwicklung - bei entsprechender Umsicht.

Im Jahr des Drachen 2000 · 2012

Ein Jahr des Umbruchs und der Widrigkeiten an unerwarteter Stelle. Die ausgreifenden Energien des Drachen lassen für Büffel und manches andere Zeichen keinen Raum. Eine Zeit voller harter Arbeit und großer Strapazen liegt vor dem Büffel, und manchmal rückt ein scheinbar bereits erreichtes Ziel überraschend wieder in weite Ferne. Dennoch sollten durchhalten - das kommende Jahr bringt Erfolge!

Im Jahr der Schlange 2001 · 2013

Sie brauchen die Früchte nur zu pflücken, denn sie hängen in Griffweite vor Ihren Augen. Vielleicht ist dies genau die Ernte, für deren Ertrag Sie in den vergangenen schweren Jahren gearbeitet haben. In materieller Hinsicht kann dieses Jahr ein Selbstbedienungsladen für den Büffel sein - sogar ohne Kasse! Im emotionellen Bereich drohen Probleme: Untreue kann Ihnen Sorgen bereiten, wenn Ihr Partner zu den anfälligen Zeichen für derartige Versuchungen zählt. Eine Freundschaft könnte enden, wenn Sie zu vertrauensselig sind. Augen auf!

Im Jahr des Pferdes 2002 · 2014

Erneute Belagerung: Probleme jeder Färbung bedrohen den Büffel und verwickeln ihn in einen anstrengenden Kampf. Ihr Geld ist ebenso in Gefahr wie Ihr Liebes- und Familienleben! Halten Sie die Zügel in bewährter Weise in der Hand und fahren Sie geradeaus. Rechnen Sie nicht mit Unterstützung, denn die fordert das anspruchsvolle Pferd für sich. Und: Achten Sie auf Ihre Gesundheit!

Im Jahr der Ziege 2003 · 2015

Dieses Jahr macht dem Ordnungsfanatiker Büffel Kopfzerbrechen: Sie sollten nicht allzu präzise planen - es könnte sein, daß Sie dieses Kalkül dreimal am Tag über den Haufen werfen müssen. Das Wischi-Waschi-Gefühl der Ziege droht sich auch in Ihren Alltag einzuschleichen. Nichts ist sicher, alles ständigen Veränderungen unterworfen. Gewinn und Verlust wechseln sich ab wie das Wetter im April, und erst zum Jahresende erfreut Sie eine gute Nachricht. Ein Glück, daß Sie keine persönlichen Krisen bedrohen! Sitzen Sie dieses Jahr nach Art eines 1994er Kanzlers aus - und die Kopfschmerztabletten nicht vergessen!

Im Jahr des Affen 2004 · 2016

Endlich wieder Rückenwind! Und zwar gleich eine volle Brise! Büffel können im Jahr des Affen richtiggehend absahnen: In der Kasse klingelt es, in der Familie läuft es wie geschmiert (eine gute Heirat?) und die Karriereleiter - bislang im Schuppen verstaubt - wird wieder gebraucht. Perspektive für den Büffel: ganz nach oben! Tip für Büffel-Singles: Öffnen Sie Herz und Haus für potentielle Partner! Es lohnt sich!

Im Jahr des Hahnes 2005 · 2017

Überall werden Sie und Ihre Interessen auf Verständnis stoßen und leicht Verbündete und Partner finden. Die Geschäfte laufen weiter gut, wenn es auch zu rätselhaften Einbußen kommen kann, denen Sie auf den Grund gehen müssen. Ein falscher Freund oder eine Fehlentscheidung vergangener Jahre könnten die Ursache sein. Stopfen Sie das Leck in der Kasse!

PROMINENTE BÜFFEL

Metall

Antonin Dvorák - Komponist - 8.9.1841
Hirohito - japanischer Kaiser - 29.4.1901
Gary Cooper - Schauspieler - 7.5.1901
Werner Heisenberg - Atomphysiker - 5.12.1901
Eddie Murphy - Schauspieler - 3.4.1961

Feuer

Hermann Hesse - Schriftsteller - 2.7.1877
Warren Beatty - Schauspieler - 30.3.1937
Jack Nicholson - Schauspieler - 22.4.1937
Saddam Hussein - Politiker - 28.4.1937
Bill Cosby - Schauspieler - 12.7.1937
Robert Redford - Schauspieler - 18.8.1937
Dustin Hoffman - Schauspieler - 8.8.1937
Jane Fonda - Schauspielerin - 21.12.1937

Wasser

Vincent van Gogh - Maler - 30.3.1853
Gert Fröbe - Schauspieler - 25.2.1913
Lionel Hampton - Jazzmusiker - 12.4.1913
Gerald Ford - Politiker - 14.7.1913
Erzbischof Makarios - 13.8.1913
Burt Lancaster - Schauspieler - 2.11.1913
Vivien Leigh - Schauspielerin - 5.11.1913
Willy Brandt - Exkanzler - 18.12.1913

Erde

Napoleon Bonaparte - Kaiser - 15.8.1769
Charlie Chaplin - Schauspieler - 16.4.1889
Adolf Hitler - „Führer" - 20.4.1889
Jessica Lange - Schauspielerin - 20.4.1949
Billy Joel - Sänger - 9.5.1949
Richard Gere - Schauspieler - 31.8.1949
Norbert Golluch - Autor dieser Reihe - 22.10.1949
Sissy Spacek - Schauspielerin - 24.12.1949

Holz

J. S. Bach - Komponist - 21.3.1685
H. Ch. Andersen - Märchenonkel - 2.4.1805
Paul Newman - Schauspieler - 26.1.1925
Jack Lemmon - Schauspieler - 8.2.1925
Robert Altman - Regisseur - 20.2.1925
Rod Steiger - Schauspieler - 14.4.1925
Tony Curtis - Schauspieler - 3.6.1925
Bill Haley - Rockmusiker - 6.7.1925
Mikis Theodorakis - Sänger - 29.7.1925
Peter Sellers - Schauspieler - 8.9.1925
Gore Vidal - Schriftsteller - 3.10.1925
Margaret Thatcher - „die eiserne Lady" - 13.10.1925
Melina Mercouri - singende Politikerin - 18.10.1925
Richard Burton - Schauspieler - 10.11.1925
Rock Hudson - US-Filmcharmeur - 17.11.1925
Sammy Davis jr. - Entertainer - 8.12.1925
Hildegard Knef - Schauspielerin - 28.12.1925

1906	*Feuer*	Pferd	25. Jan. 1906 - 12. Feb. 1907
1907	*Feuer*	Ziege	13. Feb. 1907 - 2. Feb. 1908
1908	*Erde*	Affe	3. Feb. 1908 - 21. Jan. 1909
1909	*Erde*	Hahn	22. Jan. 1909 - 9. Feb. 1910
1910	*Metall*	Hund	10. Feb. 1910 - 29. Jan. 1911
1911	*Metall*	Schwein	30. Jan. 1911 - 17. Feb. 1912
1912	*Wasser*	Ratte	18. Feb. 1912 - 5. Feb. 1913
1913	*Wasser*	Büffel	6. Feb. 1913 - 25. Jan. 1914
1914	*Holz*	Tiger	26. Jan. 1914 - 13. Feb. 1915
1915	*Holz*	Katze	14. Feb. 1915 - 2. Feb. 1916
1916	*Feuer*	Drache	3. Feb. 1916 - 22. Jan. 1917
1917	*Feuer*	Schlange	23. Jan. 1917 - 10. Feb. 1918
1918	*Erde*	Pferd	11. Feb. 1918 - 31. Jan. 1919
1919	*Erde*	Ziege	1. Feb. 1919 - 19. Feb. 1920
1920	*Metall*	Affe	20. Feb. 1920 - 7. Feb. 1921
1921	*Metall*	Hahn	8. Feb. 1921 - 27. Jan. 1922
1922	*Wasser*	Hund	28. Jan. 1922 - 15. Feb. 1923
1923	*Wasser*	Schwein	16. Feb. 1923 - 4. Feb. 1924
1924	*Holz*	Ratte	5. Feb. 1924 - 23. Jan. 1925
1925	*Holz*	Büffel	24. Jan. 1925 - 12. Feb. 1926
1926	*Feuer*	Tiger	13. Feb. 1926 - 1. Feb. 1927
1927	*Feuer*	Katze	2. Feb. 1927 - 22. Jan. 1928
1928	*Erde*	Drache	23. Jan. 1928 - 9. Feb. 1929
1929	*Erde*	Schlange	10. Feb. 1929 - 29. Jan. 1930
1930	*Metall*	Pferd	30. Jan. 1930 - 16. Feb. 1931
1931	*Metall*	Ziege	17. Feb. 1931 - 5. Feb. 1932
1932	*Wasser*	Affe	6. Feb. 1932 - 25. Jan. 1933
1933	*Wasser*	Hahn	26. Jan. 1933 - 13. Feb. 1934
1934	*Holz*	Hund	14. Feb. 1934 - 3. Feb. 1935
1935	*Holz*	Schwein	4. Feb. 1935 - 23. Jan. 1936
1936	*Feuer*	Ratte	24. Jan. 1936 - 10. Feb. 1937
1937	*Feuer*	Büffel	11. Feb. 1937 - 30. Jan. 1938
1938	*Erde*	Tiger	31. Jan. 1938 - 18. Feb. 1939
1939	*Erde*	Katze	19. Feb. 1939 - 7. Feb. 1940
1940	*Metall*	Drache	8. Feb. 1940 - 26. Jan. 1941
1941	*Metall*	Schlange	27. Jan. 1941 - 14. Feb. 1942
1942	*Wasser*	Pferd	15. Feb. 1942 - 4. Feb. 1943
1943	*Wasser*	Ziege	5. Feb. 1943 - 24. Jan. 1944
1944	*Holz*	Affe	25. Jan. 1944 - 12. Feb. 1945
1945	*Holz*	Hahn	13. Feb. 1945 - 1. Feb. 1946
1946	*Feuer*	Hund	2. Feb. 1946 - 21. Jan. 1947
1947	*Feuer*	Schwein	22. Jan. 1947 - 9. Feb. 1948
1948	*Erde*	Ratte	10. Feb. 1948 - 28. Jan. 1949
1949	*Erde*	Büffel	29. Jan. 1949 - 16. Feb. 1950
1950	*Metall*	Tiger	17. Feb. 1950 - 5. Feb. 1951
1951	*Metall*	Katze	6. Feb. 1951 - 26. Jan. 1952
1952	*Wasser*	Drache	27. Jan. 1952 - 13. Feb. 1953
1953	*Wasser*	Schlange	14. Feb. 1953 - 2. Feb. 1954
1954	*Holz*	Pferd	3. Feb. 1954 - 23. Jan. 1955
1955	*Holz*	Ziege	24. Jan. 1955 - 11. Feb. 1956